Hans Manz Mit Wörtern fliegen

Für Lukas, Beat, Christof

Hans Manz
Mit Wörtern fliegen
Neues Sprachbuch
für Kinder
und Neugierige
Beltz & Gelberg

© 1995 Beltz Verlag, Weinheim und Basel
Programm Beltz & Gelberg, Weinheim
Alle Rechte vorbehalten
Typographische Einrichtung von Peter Hühner
Einband von Wolfgang Rudelius
Titelbild von Axel Scheffler
Gesamtherstellung Druckhaus Beltz, 69494 Hemsbach
Printed in Germany
ISBN 3 407 79686 2

Inhalt

*Wer will, kann die Texte in diesem Buch
in folgender Reihenfolge lesen:*

Alphabetisierung

Kaum hatte ich richtig
schreiben gelernt,
schrieb ich auf meine Schulhefte:
Hans Manz
Unterdorf
Wila
Tösstal
Bezirk Pfäffikon
Kanton Zürich
Schweiz
Europa
Planet Erde
Universum.

Steine, Erde, Himmel

Wörter und Bilder

Das Wort Stein
dem und jenem,
jener und dieser in den Mund gelegt:
Einem Maurer,
einer Gärtnerin,
einem Friedhofsbesucher,
einer Ärztin,
einem Zahnarzt,
einer Kirschenesserin,
einem Mühlespieler,
einer Juwelenhändlerin,
einem Hartherzigen,
einer Bildhauerin
und zugesehen,
wie sich die Bilder zum immer gleichen Wort
verändern.

(Backstein, Kieselstein, Grabstein,
Gallen- oder Nierenstein, Zahnstein,
Kirschstein, Spielstein, Edelstein, Herz
aus Stein, Granit- oder Marmorplastik.)

Sich widersetzen hilft

Mariechen saß auf einem Stein,
einem Stein, einem Stein.
Mariechen saß auf einem Stein,
                auf einem Stein.

Doch einmal sprach es: Muß das sein?
Muß das sein, auf einem Stein?
Ich frage mich: Ja, muß das sein
                auf einem Stein?

Seither sitzt es auf keinem Stein,
keinem Stein, keinem Stein,
es sitzt auf keinem Stein mehr, nein,
                auf keinem Stein.

Steine und Steine

Habe jemand Steine in den Weg gelegt,
danach lag mir einer auf dem Magen.
Räumte die Steine aus dem Weg,
da fiel mir einer vom Herzen.

Zwiegespräch

»Hab im Bach einen Stein gefunden.«
»Wo ist er? Zeig!«
»Wozu? Ein hundsgewöhnlicher Stein.«

»Glaub ich nicht, schweig!
Wie er auch aussehen mag –
wenn er zu dir gehört,
muß es ein besonderer sein.«

Entfernungen zum Himmel

Sich vor Glück im siebenten Himmel wähnen.
Den Himmel sich ins Meer senken sehen.
Den Himmel im Fenster haben.
Sich den Himmel auf Erden wünschen.

Kurze Frage

Jemand heulte steinerweichend.
War da sonst niemand?

10

Schwerkraft
Abzählreim

Die Erde klebt
an einem Fuß,
an einem Stiefel, einem Schuh.

Und an der Erde kleben wir:
Hinz und Kunz
und ich und du.

Ärgerlich

Schon immer wollten welche
der Erde entfliehen:
Erfinder,
Konstrukteure,
Piloten,
Astronauten –
weit über die Wolken hinaus,
auf den Mond,
tief in den Weltraum hinein.
Und schon immer
waren andere früher dort gewesen:
Phantasten,
Träumer,
Geschichtenerzähler,
Geschichtenleser.

Jeder sieht, was er will

Ein Stein – stubentischhoch –
wollte keiner sein.
Regen fiel, die Sonne schien,
Flechten überzogen ihn,
später dichtes grünes Moos,
darunter sogar Erde,
damit daraus was Neues werde.
Und nach vielen Jahren
wuchsen aus den Krumen
hübsche rote Blumen.
Da kam ein Mann vorbei und sprach:
Sieht aus, als wär's ein Blumenbeet,
ein Blumenbeet, wie meins, allein
eigentlich ist's nur ein Stein.
Jedoch nach tagelangem Warten
lief ein Kind herbei und rief:
Sieht aus, als wär's ein Stein,
jedoch es ist ein Garten!

Fragen, Antworten, Fragen

Ewigen Streit beendende Antwort

Was war zuerst,
das Huhn oder das Ei?
Wenn sich niemand entscheiden mag,
muß ich es wohl tun!
Gestern aß ich
ein Rührei zur Vorspeis
und hinterher das gebratene Huhn.
Heute aß ich zuerst das Huhn
und nachher das Ei
als süßes Omelett,
mal so und mal so,
was soll das Geschrei?

Vom Sinn des Fragens

Wer schlug –
mußte er schlagen?

Wer prügelte –
mußte er prügeln?

Wer verletzte –
mußte er verletzen?

Wer schlug, prügelte, verletzte –
stellte er sich überhaupt Fragen?

14

Bedauernswerter Fragesteller

Wo ich auch gehe und stehe,
gehe und stehe und sitze,
gehe und stehe und sitze und liege,
überlege ich mir,
ob es nicht *oder*
statt *und* heißen müßte.

Liebevolle Antwort

Wozu,
fragte das Kalb die Kuh,
haben wir eine so rauhe Zunge?

Deshalb!
sagte die Kuh zum Kalb
und leckte ihm das Fell glatt.

Nichts ist einfach

Hart bleiben:
Gut, wenn man's kann.
Weich werden:
Steht allen gut an.
Aber: Was wann?

Vom Gewicht der Fragen

»Wo bist du gewesen?«
Jemand stellte die Frage zornig,
jemand besorgt,
jemand mißtrauisch,
jemand drohend.
Aber jemand fragte
unbeschwert neugierig.
Das machte auch die Antwort leicht.

Flagge zeigen?

Irgendwo draußen
eine Fahne im steifen Wind.
Die eines bestimmten Clubs?
Einer bestimmten Stadt?
Eines bestimmten Vaterlandes?
Einer bestimmten Nation?
Was geht das mich an?
Mir genügt ihr fröhliches Knattern.

Unnütze Frage

Wie kann man nur
so blöd sein,
so saublöd,
immer erst nachträglich zu fragen,
warum man nur
so saublöd sein konnte,
erst nachträglich zu fragen,
warum man so blöd war?

Früchte, Gemüse

Wie man doch Wörter vielfältig
benützen kann!
Eine Rübe beispielsweise
ist eine Rübe
und noch was anderes,
genauso, wie eine Birne eine Birne ist
und noch was anderes.
Du fragst: Ja, was denn?
Streng deinen Kürbis an!

Lehrstück der Feigheit

Wenn etwas nicht stimmt,
        nicht rundläuft,
        nicht glücklich macht –
wem schiebt man die Schuld zu?
Immer den Andern.
Noch lieber den machtlosen Andern.
Und am liebsten den wehrlosen Andern.

Frage, Antwort, Frage

Was wäre
eine Uhr ohne Zeit,
ein Tag ohne Licht,
Liebe ohne Zärtlichkeit,
ein Kopf ohne Gesicht,
Fliehende ohne Zufluchtsort,
eine Trauer ohne Klagen,
eine Frage ohne Antwort,
eine Antwort ohne neue Fragen?

18

Kopfschüttler und so weiter

Ohrenspitzer

Nehmen wir an, Besuch ist da,
die Erwachsenen reden und reden,
und ihre Geschwätzigkeit
läßt euch nicht zu Worte kommen.
Dann stellt euch,
zu viert, zu dritt, zu zweit
in eine Ecke und flüstert:
Schwschpschkrschmpsch
Schwschpschkrschmpsch,
begleitet von Seitenblicken
und spitzem Gekicher.
Nach kürzester Zeit
werden die Großen innehalten,
angestrengt horchen
und unverzüglich wissen wollen,
was ihr da verhandelt habt.
Jetzt nützt die Gelegenheit.

20

Zungenwetzer

Nie sind Lehrerinnen und Lehrer
Lehrer und Lehrerinnen
ihrer Schülerinnen und Schüler gewesen,
ohne daß Schüler und Schülerinnen
nicht auch Lehrer und Lehrerinnen
ihrer Lehrerinnen und Lehrer gewesen wären
und diese ihre Schülerinnen und Schüler.

Hautjucker

Du erzählst, wie einem Mann,
der im Bus vor dir saß und schlief,
eine fette Laus aus dem Kragen kroch
und vom Kragen zum Haar,
während eine zweite, weit dickere noch,
vom Haar zum Kragen lief.
Jetzt genau beobachten:
Nichts verpatzen!
Alle Zuhörenden
werden sich kratzen.
Die einen unverhohlen
im Haarschopf,
andere eher verstohlen
hinten am Kopf.

Stirnerunzler

Aufs Lehrerpult legt man
ein Blatt mit häßlichen Wörtern,
die man halbwegs durch Pünktchen ersetzt:
Sch . . . zimmer
Sch . . . türe
Sch . . . tafel
Sch . . . bänke
Zu guter Letzt
wird der Lehrer entsetzt
die Stirne runzeln
im Sinne von Vorwürfen,
worauf du höchst erstaunt sagst:
Man wird doch wohl
an ein Schloß denken dürfen!

Kopfschüttler

Morgens mit dem rechten Fuß
in den linken Schuh schlüpfen
und umgekehrt.

Oder: Vor den Eltern
erschreckt zurückweichen,
als wären sie mit Stacheln bewehrt.

Oder: Neuerdings vor dem Spiegel verharren,
sehr lange, höchst auffällig
und äußerst eitel.

Und wenn das alles nichts nützt:
Eine Spinne aussetzen
auf Vaters oder Mutters Scheitel.

Nasenkitzler

In deinem Zimmer
Türe und Fenster aufreißen,
dich in die Zimmermitte stellen,
magische Wörter murmeln,
die da heißen:
Salmiakgeist
Pfefferspray
Niespulver
Blütenpollen
Salmiakgeist
Pfefferspray
Niespulver
Blütenpollen
Salmiakgeist
Pfefferspray
Niespulver
Blütenpollen.
Sollte die Nase
unempfindlich bleiben,
bitte nicht kitzeln
oder reiben.
Hab schön Geduld,
denn du wirst sehn und erleben,
morgen wird's wirken,
du bist nämlich im Durchzug gestanden,
und das wird einen Schnupfen geben.

Lippenschleifer

Autofahrer, die nordwärts fahren,
fahren an Fahrzielen vorüber,
wohin Autofahrer fahren,
die südwärts fahren;
und Autofahrer, die südwärts fahren,
fahren an Fahrzielen vorüber,
wohin Autofahrer fahren,
die nordwärts fahren.

Begriffe begreifen

Kleine Chronik von großen Unterschieden

Geschlossene Türen,
verschlossene Türen.

Brot –
jemand ißt es mit Appetit,
jemand mit Hunger.

Mitleid haben,
mitleiden.

Jemand will auswandern,
jemand muß auswandern.

Kümmern,
sich kümmern.

Jemand denkt an sich.
Jemand denkt über sich nach.

Hören, verstehen

»Schrei doch nicht so laut,
ich hör dich ganz gut.«

»Darum schreie ich ja,
weil du mich wohl hörst,
aber nicht verstehst.«

28

Sichtweisen

Man sieht sich vor –
zeigt Vorsicht.

Man sieht sich um –
hält Umsicht.

Man sieht voraus –
beweist Voraussicht.

Man sieht manchen manches nach –
übt Nachsicht
und hofft, nicht das Nachsehen zu haben.

Begegnungsformen

Aneinander vorbeigehen.
Aufeinander zugehen.

Aufeinander zugehen,
aneinander vorbeireden.

Aufeinander zugehen,
aufeinander einreden.

Aufeinander zugehen,
miteinander reden.

Kleine Veränderung, große Wirkung

erraten	verklingen
verraten	erklingen
erziehen	verhören
verziehen	erhören
erkennen	verschließen
verkennen	erschließen
erlernen	vergreifen
verlernen	ergreifen
erwünschen	verwirken
verwünschen	erwirken

Was man so daherredet

Hab mich krank gelacht.
Hab mich halb tot gelacht.
Ich lach mich kaputt.
Lachen ist gesund.

Seligkeiten?

In der Zeitung stand:
Flüchtlinge,
unterwegs mit ihren
Habseligkeiten.

Im Lexikon steht:
Selig: Gut, hochbeglückt.

Stummer Dialog

»Würde bringt Bürde«,
sagte ein Ansässiger.
»Wir würden sie gerne
mittragen helfen,
wenn man uns nur ließe«,
dachte ein Eingewanderter.

31

Veränderung

Frau A: Endlich haben wir uns
die gleichen Rechte erkämpft
wie die Männer.

Frau B: Tatsächlich, gut so.

Frau A: Im Haus, im Beruf,
überall sind wir gleichgestellt.

Frau B: Großartig, ohne Zweifel.

Frau A: Sogar in der Sprache ist den Männern
die Vormacht genommen worden.

Frau B: Ja, einfach herrlich!

Männersache

Ein Mann – ein Wort.
Ein Mann – eine Silbe.
Ein Mann – vier Lettern.

Vom Tonfall des Lachens

Alle lachen:

Die Spötter,
die Verliebten,
die Schadenfrohen,
die Verlegenen,
die Unbekümmerten,
die Rachsüchtigen,
die Überglücklichen;
die Sieger.

Alle lachen.
Und wie!
Aber wie?

Pingeliger Umgang mit Begriffen

Wollte eben sagen:
Bin unsäglich glücklich.
Weil man das nicht kann,
schreib ich's dir jetzt.
Sollte ich nächstens
unbeschreiblich glücklich sein,
ruf ich dich an.

33

Entstehung eines Textes

Frauen	. . . . . .	Männer
Frauen	. . . . . .	Frauen
Männer	. . . . . .	Frauen
Männer	. . . . . .	Männer
Eltern	. . . . . .	Kinder
Kinder	. . . . . .	Kinder
Einheimische	. . . . . .	Fremde
Fremde	. . . . . .	Einheimische
Angepaßte	. . . . . .	Außenseiter
Außenseiter	. . . . . .	Angepaßte

Hatte obigen Lückentext angefangen,
lieben als Wortbrücke vorgesehen.
Stutzte, zweifelte:
Kann man das immer verlangen?
Suchte weiter, erschrak:
hassen würde auch passen,
hat gleich viele Lettern.
Suchte weiter, bis meine Gedanken,
die viele Umwege machten,
auf ein drittes Wort stießen:
achten.

Trauen

Wem soll man am meisten trauen?

Den Zärtlichen?
Habe von jemand gelesen,
der mit seinen Enkeln zärtlich war,
aber Hunderttausende umbringen ließ.

Den Liebenden?
Habe von jemand gehört,
der mit aller Kraft liebte,
aber als die Liebe zerbrach,
mit der gleichen Kraft haßte.

Den Vernünftigen?
Kenne jemand,
der sich redlich um Vernunft bemüht.
Aber was wäre sie
ohne Zärtlichkeit und Liebe?

Schön oder nicht?

Ein schöner Tag,
ein schöner Blumenstrauß.

 Einverstanden, alles klar.

Ein schönes Mädchen,
ein schöner Knabe.

 Selbstverständlich, wunderbar.

Eine schöne Geschichte!
Eine schöne Bescherung!

 Schon zweifelhafter, nicht wahr.

Ordnung muß sein

TOHHBWUUAOO
»Welch ein Chaos!«

HUHUBOTOWA!
»Welch ein Wirrwarr!«

WOHUTAHUBO!
»Welche Unordnung!«

TOHUWABOHU!
»Nein, jetzt nicht mehr.«

*Tohuwabohu: Wüste, Leere,
Ungeordnetes (hebräisch).*

Heitere Stunden

Vorsicht

Von einem Zaunpfahl herab
äugte und spähte
ein Habicht.
Eine Maus rief von unten:
»Prachtvolles Wetter, nicht?
Der erste warme Tag im Jahr!«
Schlüpfte aber schleunigst ins Loch,
wo es kalt und dunkel war.

Lebenskünstler

Der Zugvogel –
bald sitzt er auf der nördlichen Pappel,
bald auf der südlichen Palme.
Auf welchem der Bäume sitzt er am liebsten?
Auf beiden,
denn wo er grad sitzt,
gefällt's ihm am besten.
Ist er nicht
zu beneiden?

Novembertag

Nebel,
der alles verschlingt:
Jedes Haus, jeden Baum, jeden Strauch.
Ein Kind schreit vom Balkon:
»Bin allein,
endlich allein auf der Welt!«
Und aus dem Nebel die Antwort:
»Ich auch!«

Lauer Juniabend

Ein Dichter lauerte
auf einen Fuchs,
der auf einen Reiher,
der auf einen Frosch,
der auf eine Fliege lauern sollte.
Wie das dauerte!
Denn kein Fuchs erschien,
kein Reiher, kein Frosch,
selbst die Fliege kam nicht.
Hat nichts ausgemacht,
war nur erdacht.

39

Vergleich

Von allen meinen Bäumen
blüht der Mandelbaum als erster,
trägt aber als letzter
Früchte im Jahr.
Der Kirschbaum hingegen
blüht als letzter
und trägt die frühesten Früchte,
sprach ein toskanischer Bauer.
Dabei sah er mich an,
als wollte er fragen:
Und wir zwei?

Nach dem Regen

Eine Lache im Hof.
Sie wird geleert
von zwei Autoreifen,
die das Wasser zerteilen –
von drei Spatzen,
die trinkend und badend verweilen,
von vier Kinderstiefeln,
die stampfend vorübereilen,
und auch ich schöpfe aus ihr:
Diese Zeilen.

40

Ein heiterer Tag

Es war ein Tag,
der klar
und wunderbar strahlend war.
Nur ein einziges
kleines, feines,
duftiges, luftiges
witziges, wunderfitziges,
graues, schlaues Wölklein
flog frech daher
und stellte sich quer
vor die Sonne.
Und die Felder,
Wiesen, Häuser,
die eben noch gegleißt und gefunkelt hatten,
lagen plötzlich im Schatten.

Verweigerung

Es war dreimal eine Maus:
Am ersten Tag blieb sie zu Haus,
schlief und schlief und schlief.
Mehr gab und gibt es
nicht zu berichten.

Am zweiten Tag
ging sie schließlich aus,
auf äußerste Vorsicht bedacht.
Passierte nun endlich etwas?
Mitnichten!

Am dritten Tag
guckte sie aus dem Loch,
zog ihre Stirne kraus
und sprach:
Das würd euch so passen,
daß ich mich in Gefahr begebe,
nur für eure Katz- und Mausgeschichten!

Vorstellungskraft

So leicht wird mir nichts genommen,
sagte Herr Paulke.
Ich kenne einen Hafen,
aus dem keine Schiffe ausfahren,
weil keine mehr ankommen.

Früher, als sie noch andockten,
schaute ich, staunte,
träumte von abenteuerlichen Überfahrten,
aufregenden Ankünften,
verstehst du?

Und nun? Nun erträume ich halt
auch noch die Schiffe dazu.

43

Katze

An einem Dreizehnten,
überdies Freitag,
lief mir von links
eine schwarze Katze
über den Weg.
Sie kam zurück,
strich um meine Beine,
schnurrte und koste,
bis ich dahinschmolz
vor Glück.

Unfug

Sinn

Fug? Ein Wort ohne Sinn,
macht niemand glücklich
und niemand klug.
Ganz anders der Unfug.

Zaubererhochzeit

Abakadabraut
Abakadabräutigam

Vom Kirchturm
Simsalabimbam

Nach dem Ringwechsel
Kokusspokuss

Sensation

Hör zu:
Eben fiel ein Apfel vom Zweig.
Na und?
Das Zuhören lohnte sich kaum!
Geduld doch, Geduld:
Er fiel aus einem Zwetschgenbaum.

Geschenk

Völlig klar,
welches Ding
sich Heringin
und Hering
gleichzeitig
und gegenseitig
zur Hochzeit schenken:

(einen E-Hering)

Vornamen-Rätsel

LEHNE   –   HELEN
SEILE   –   . . . . .
MOORE   –   . . . . .
REICH   –   . . . . .
KRAM   –   . . . .
MAUL   –   . . . .
LANDEI   –   . . . . . .

(ELISE; ROMEO;
ERICH; MARK; MALU; DANIEL)

47

Gänsefüßchen unterwegs

HAUSTOR
SCHUL "
SCHLOSS "
TRAK "
GARTEN "
MO "
SCHEUNEN "
" HEITEN

Fortschritt

Jemand hat Fortschritte gemacht:
Einen Schritt vorwärts
und zwei zurück.

Einen Schritt vorwärts
und nur einen zurück.

Zwei Schritte vorwärts
und zwei zurück.

Zwei Schritte vorwärts
und nur einen zurück.

Immerhin.

Transportmittel

Wenn jemand sagt:
»Bin aus allen Wolken gefallen«,
wie ist er dann hinaufgekommen
an den luftigen Ort?
Mit einem geflügelten Wort.

Liebesdienste

Den ganzen Morgen lang
gefegt, gewaschen,
aufgeschüttelt,
gebügelt, gehackt
und alles für die Katz!

Den Freßnapf gefegt,
den Schlafkorb gewaschen,
das Kissen aufgeschüttelt,
das Liegetuch gebügelt,
frische Leber gehackt
für die Katz.

Gewässer-Rätsel

Zweierlei Wasser,
männlich und weiblich.
Das weibliche groß und gewaltig,
braust mit Macht,
das männliche sanft und lieblich,
plätschert sacht.

(der See, die See)

Arbeitsbeginn

So glotzt mich morgens
das weiße Blatt an:

```
( ( ( ( ( ) ) ) )
 (O) (O)
    V
(- - -U- - -)

  .  .
   .
```

Beweis

Ich mag es nicht leiden,
sagte das Huhn,
wenn man mich verleumdet
und dabei
behauptet, mein Gegacker sei eitel.
Seht doch mein Ei –
ohne Kanten und Ecken,
auch farblich schlicht
und erst als Wort betrachtet:
Bescheidner geht's nicht!

Nachtjäger

Nachts ist die Eule munter,
tagsüber ruht sie sich aus.

Das gleiche
macht die Fledermaus,
aber kopfunter.

Allen gewidmet die etwas in s Lot gebracht haben

51

Programmierung

Ein listiger Puter
ließ sich heimlich
von einem Computer
das Maß seiner Speisen
berechnen,
so daß sie ihn
nicht fetter machten
und die Leute jahrelang sagten:
Der ist zu dürr zum Schlachten!

Ganz und gar bejahender Text

ja
jaja
o ja
ach ja
aber ja
na ja
jawohl
ja doch
ja eben
ja klar
jaso ?

52

Ich und du und andere Leute

Ich

Ich: Träumerisch, träge,
schlafmützig, faul.

Und ich: Ruhelos, neugierig,
hellwach, betriebsam.

Und ich: Kleingläubig, feige,
zweiflerisch, hasenherzig.

Und ich: Unverblümt, frech,
tapfer, gar mutig.

Und ich: Mitfühlend, zärtlich,
hilfsbereit, beschützend.

Und ich: Launisch, gleichgültig,
einsilbig, eigenbrödlerisch.

Erst wir alle zusammen sind ich.

Taub

Wenn jemand zu mir sagt:
»Tja, ihr Schweizer ...«
höre ich weg.
Ich bin nicht ihr.

Außer mir

Nach jedem selbstgebauten Mist
red ich per du mit mir:
Du Tropf
du Hornochs
du Querkopf!
Jetzt wart ich mal schön,
bis du wieder ich bist!

Wachsen

Lernte sitzen
bald.
Und später
nicht auf dem Maul sitzen.

Lernte kriechen
nach ein paar Monaten.
Und später
vor niemand kriechen.

So lernte ich den aufrechten Gang.

55

Wie durch ein Wunder

Bin mehrmals auf die Nase gefallen.
Habe mich oft zwischen Stühle und Bänke gesetzt.
Ging häufig mit dem Kopf durch die Wand.
Blieb unverletzt.

Und und und – und und oder

Polen sind so.
Türken sind so.
Schweizer sind so.
Deutsche sind so.
Albaner sind so.

Polen sind so und so.
Türken sind so und so.
Schweizer sind so und so.
Deutsche sind so und so.
Albaner sind so und so.

Polen sind so und so oder so.
Türken sind so und so oder so.
Schweizer sind so und so oder so.
Deutsche sind so und so oder so.
Albaner sind so und so oder so
und so fort.

Du

Ich behaupte,
ohne zu übertreiben –
ich kann dich ungesehen beschreiben:

Deine Augen sind blau,
schwarz, braun, grün oder grau.
Deine Nase ist langgezogen,
stumpf, kurz, breit,
stupsig oder abwärts gebogen.
Deine Haare sind dunkel,
rot oder braun, blond aufgehellt,
gekraust, gelockt,
steckengerade oder gewellt,
sind kurzgeschoren oder reichen
bis unter die Schultern.

Unzutreffendes streichen!

Und du

Alles, was du verschweigst:
Wut, Trauer, Enttäuschungen,
Gefühle, die du niemandem zeigst,
verklumpen sich – so zeigt die Erfahrung –
zu einem ekligen Kloß im Hals,
drum folgt jetzt gleich eine Aussparung.
In die hinein kannst du mal alles sagen,
wispern, zischeln, schreien,
brüllen, spucken, speien,
was dir in die Seele schneidet
wie tausend Messer:

Geht's dir jetzt besser?

Störung

Ich liebe dich.
Du liebst ihn.
Er liebt mich.
Und dennoch kann ich
nicht einfach sagen:
Wir lieben uns.

Verletzte zärtlich

»Hast du nicht kürzlich gesagt,
du müßtest an jene,
die dich versetzen,
verraten, kränken
dein Leben lang denken?«

»Ja, das sagte ich neulich.«

»Wenn das so ist – vergiß mich.«

Dramatische häusliche Szene

Der Vater schnaubt,
als möchte er sich die Luft
nicht mehr gönnen.
Die Mutter schnappt nach Luft,
als sei sie zu dünn.
Und das Kind zwischendrin?
Es denkt: Dicke Luft,
verduften sollte man können.

Gleichungen

Wie das Kind
dem Vater gleicht!
sagte die Tante.

Ach, wie das Kind
der Mutter gleicht!
sagte der Onkel.

Nein, nein,
dem Großvater gleicht es,
sagte die Großmutter.

Wie sich doch
die Erwachsenen gleichen!
dachte das Kind.

Was nicht sauert, süßt nicht
(Sprichwort)

Vater und Mutter
sind sauer aufs Kind.

Das Kind ist sauer
auf Mutter und Vater.

Wenn keine Bitterkeit aufkommen soll,
wird wohl jemand Süßholz raspeln müssen.

60

Ein, kein oder mehrere Geschwister?

Ein Kind sagt: Ich bin das jüngere.
Eines sagt: Ich bin das jüngste.
Eines sagt: Ich bin sowohl das älteste
                wie das jüngste.
Eines sagt: Ich bin weder das älteste
                noch das jüngste.

Unterschiedliches Aufwachsen

Bei Großeltern und Eltern.
Bei den Eltern.
Bei der Mutter.
Beim Vater.
Zwischen Mutter und Vater.
Ohne Mutter und Vater.

Paare, ohne Brett vor dem Kopf gesehen

Sie und er.
Sie und sie.
Er und er.

61

Nützliche Freundschaften

Herr Paulke hat drei Freunde:
Einer tröstet ihn,
wenn ihm Unrecht geschehen ist.
Einer schürt seinen gerechten Zorn,
wenn Trost nicht genügt.
Einer bewahrt ihn davor,
daß der Zorn neues Unrecht schafft.

Oder du

Wer du auch sein magst:
Wir könnten gute Freunde sein.

Du denkst:
Was wohl? Ich kenn dich ja nicht!
Weiß ich denn,
ob du kleinlich und quengelig bist
oder langweilig, rechthaberisch,
gar starrsinnig!

Starrsinnig? Genau!
Du und ich könnten gute Freunde sein!

Kleine Geschichten

Belohnung

An der höchsten Sonnenblume im Garten
kroch eine Raupe allein
von unten nach oben.
Warum diese Mühe?
Unten waren die großen Blätter,
aber oben die zarten.

Flaschenpost

Eine Flasche im Fluß.
Fischte sie mit letzter Kraft
aus dem Wasser,
entkorkte, schüttelte,
las die Botschaft:

1. Sofort einrollen.
2. Einstecken.
3. Verkorken.
4. Ins Wasser werfen,
    für den nächsten Neugierigen!

Abenteuer in der Nacht

Hatte mich im Walde verirrt,
fragte mich durch.
Die Antwort des Spechts:
Erst links, dann rechts.
Der Rat des Finks:
Erst rechts, dann links.
Nein doch, gradaus,
sonst gehst du im Kreise,
sprach eine Meise.
Ach wo, bleib doch hier,
sagte ein Spatz,
in meinem Nest wär' noch Platz.
Das brachte mich zum Lachen,
das Lachen zum Erwachen.

Sesselkleber

Herrn Paulkes behaglichster Stuhl
ist von der schlafenden Katze besetzt.
Und jetzt?
Nun, er sitzt je nachdem
bald hier, bald dort,
jedenfalls unbequem.

65

Stuhl

Ein Stuhl.
Gewöhnlich.
Und schief steht er auch.
Er steht schief
auf der Zehenspitze
einer Frau,
die den Handstand macht.
Sie stützt sich ab
auf Schultern
von zwei Männern.
Die Männer stehen
auf dem Rücken
eines schwarzen Pferdes.
Das Pferd trabt rundum,
überspringt Hürden.
Fiele der Stuhl,
wäre die Nummer verdorben.

Schmetterling

So leicht.
So zart.
So wehrlos.
So empfindlich.
Aber überflog die Alpen.

66

Nach der Vorstellung

Der berühmte Zauberkünstler stand
nachts vor seiner Tür,
fuhr mit der Hand
in alle Taschen von Jacke und Hose,
kramte darin und fand:
einen weißen Hasen,
Kartenspiele, Kordeln mit Knoten,
Trockenblumen samt Vasen,
beförderte auch zwei Tauben
und ein Ferkel ans Treppenhauslicht,
nur den Wohnungsschlüssel fand er nicht.

Beobachtung

Im Kaffeehaus
ein Mensch.
Vor sich die dampfende Tasse.
Er zieht sie zu sich heran.
Nun versenkt er den Zucker.
Jetzt greift er zum Löffel –
ein rührender Mensch.

67

Altneues Märchen

Es war einmal eine Prinzessin ...
Halt! rief die,
hört auf mit den alten Sachen,
womöglich mit einem Drachen,
der Königstöchter verspeist,
sowie drei Prinzen,
die, von weither angereist,
mit ihm fochten,
wobei ihn zwei
nicht zu töten vermochten.
Wenn das Ungetüm
denn schon besiegt sein muß,
kann ich das selber machen.

Tisch ist nicht gleich Tisch

Herr Paulke hat schon an vielen Tischen gesessen:
An fremden, die ihm fremd blieben,
an fremden, die ihm vertraut wurden,
an vertrauten, die ihm vertraut blieben,
an vertrauten, die ihm fremd wurden.

Vorfreude

Yussuf Tütschük
hatte aufs kleine Schild
unterm Klingelknopf geschrieben:
Yussuf Tütschük, Mensch.
Doofkopf, höhnten die Nachbarn,
daß du ein Mensch bist,
sieht schließlich jeder!
Tatsächlich? Desto besser!
sagte Yussuf Tütschük
und freute sich schon darauf,
künftig auch
als solcher behandelt zu werden.

Einfache Geschichte

Eine Sonnenblume vor dem Fenster.
Eine Katze auf dem Sims.
Eine offene Türe.
Eine singende Stimme.
Ein Duft nach Hefe.

Eine Sonnenblume vor dem Fenster.
Eine Katze auf dem Sims.
Ein angelehntes Fahrrad.
Eine geschlossene Türe.
Dahinter Gelächter und Tellerklappern.

Neues vom Alphabet

Distanzen

Ein kleines Kind fragte:
Ist es weit von **A** bis **Z**?
Die Antwort:
In einem dicken Lexikon schon,
aber wenn jemand von den
Azoren spricht,
überhaupt nicht.

Inhalte

Zwischen **A** und **Z** liegen
26 Buchstaben
  2 Brüder
  3 Musketiere
  7 Schwaben
40 Räuber und Ali Baba
80 Tagereisen um die Welt
1001 Nacht
und ungezählte Lesestunden.

Mitleid

Mit dem armen
Y
habe ich oft Erbarmen,
wie selten kommt es zum Zug!
Doch es tröstet mich klug:
Fly, fly, fly
mit mir im Gepäck
nach Amerika,
da braucht man mich
mehr als genug.

Hilfeschrei

Q
zuvorderst wohnt es,
zuoberst thront es
auf der Schreibtastatur
und schreit doch nach dem kleinen u.
Denn allein ist es nur
ein hilfloses Wesen,
weiß nicht, wie es so leben soll
und wozu.

73

Heimkehr

Einer, der schreibt, war in Italien.
Da gab's zwar auch Schreibmaschinen,
doch ein **ü** hatten die nie.
Kaum saß er daheim
vor den deutschen Tasten,
schrieb er
tütütüterütü, tütütüterütü.

Neue Schreibweisen

Telephon	Telefon
Christoph	Christof
Amphibien	Amfibien
Photographin	Fotografin
Geographie	Geografie
Alphorn	Alforn (Achtung, Phalle!)

Erfahrung eines
Lesen lernenden Kindes

klein – ein kleines Wort.
groß – kein bißchen größer.

74

Sprechstunde

Wer A sagt, muß auch B sagen,
so wurde ich immer belehrt.
Kenne einen Arzt,
der hat noch nie was davon gehört.
War bei ihm mit Halsweh,
sagte A, wie er's befahl
und dann gewissenhaft B.
Mehrmals habe ich A
und gleich B gesagt.
Er hat mich entnervt davongejagt.

Trennungsübung

Wo
hat denn dieser Vo-
gel mit den blauen Fe-
dern und der roten Keh-
le, der jetzt da vorbei-
fliegt, seine hübschen Ei-
er heimlich hin- und ab-
gelegt? Auf einer Pap-
pel? Nein doch, denn es han-
delt sich um einen Vogelmann.

75

Reime mit anschließender Zerknirschung

1. Kinder spielten auf einer Wiese,
da stand vor ihnen urplötzlich ein Zwerg,
grüßte höflich, erstieg einen Berg,
fand da ein Pferd, packte die Mähne,
ritt durch das Dorf, hier krähten die Hähne,
er fiel vom Pferd in einen Fluß,
drin schwamm eine Nixe, gab ihm einen Kuß.

2. Kinder spielten auf einer Wiese,
da stand vor ihnen urplötzlich ein Riese,
grüßte höflich, erstieg einen Hügel,
fand hier ein Pferd, packte die Zügel,
ritt durch ein Dorf, hier krähten die Raben,
er fiel vom Pferd in einen Graben
mit Kröten, die keine Küsse gaben.

3. Auf einer Wiese spielten Kinder,
vor ihnen stand plötzlich der Reimeerfinder,
grüßte, erstieg auch die Bodenerhebung,
bat alle höflich um Vergebung:
Zwerg, Riese, Pferd,
die Mädchen und Knaben,
die krähenden Vögel, sogar den Graben,
sie für diese Reime mißbraucht zu haben.

Zum Hintanstehen verdammter Buchstabe, sich Trost zusprechend

```
D I E   L E T Z T E N
                    E
                 I
              D
                      N
                   E
              D
          R
       E
    W
E R S T E N   S E I N
```

Buchstabe, dem eben ein Witz erzählt worden ist

```
Ha        Ha
Ha        Ha
Ha        Ha
Ha        Ha
Ha        Ha
Ha        Ha
Ha HaHa Ha
Ha HaHa Ha
Ha        Ha
Ha        Ha
Ha        Ha
Ha        Ha
Ha        Ha
Ha        Ha
```

77

Selbstverliebter Buchstabe
(Wie viele E stellt er zur Schau?)

ELEFANTENELTERN
ELFENBEINZAEHNE
ERDE
ERLE
ENDE
EREMITENKLAUSE
ESELINNENSEELE
ENGE
ELLE
ESPE
ENGELSFEDERCHEN
ENTENWETTRENNEN
(43E)

Buchstabe, sich nützlich machend

NACHMITTAGSTEE
I I
SS
CC
HH

78

Unvergänglich Vergangenes

Totgesagte leben länger

Die zwei Burschen sind längst tot,
endeten im Magen
von Meister Müllers Federvieh.
Welche zwei?
Wie kannst du fragen!
In dir, in mir
da leben sie, da leben sie!

(Max und Moritz)

Anhaltende Macht

Manche verwünschen ihn.
Manche verehren ihn.

Viele spotten über ihn.
Viele loben ihn.

Aber alle gehorchen ihm,
so weit sie's vermögen.
Alle ergeben sich ihm,
bewundernd oder zähneknirschend:
Konrad Duden.

Kunst, Künste

Chaplin beherrschte viele Künste.
Erstens die Kunst,
uns zum Lachen zu bringen.

Zweitens die größere Kunst,
selbst mit traurigen Geschichten
uns zum Lachen zu bringen.

Drittens die größte Kunst,
selbst mit traurigen Geschichten
uns zum Lachen zu bringen,
ohne die Trauer zu verraten.

Erinnerung an einen alten Kinderreim

Was soll ich denn kochen?
Habe mir lange den Kopf zerbrochen:
Den Braten, den Kuchen, den Brei?
Den Barsch, den Hering, den Rochen?
Pasteten mit Fleisch oder Wild oder Ei?
Mit Distel-, Erdnuß-, Olivenöl?
Mit Roggen-, Soja-, Dinkelmehl?
Immer größer die Qual der Wahl
und nicht mehr Lohn,
*ich lauf noch davon!**

* (Originalfassung)

Tom Sawyers Abenteuer

Erst las ein Kind unbekümmert daher:
Sa-wi-er.

Später belehrte es irgendwer,
ein englisches y sei wie ein ei.
Das imponierte dem Kind ungeheuer
und es las
Saweier.

Noch später ist es ihm gelungen
in Erfahrung zu bringen,
man sage: Sojer.

Daraus folgt:
Es hat dessen Abenteuer
dreimal verschlungen.

Zweierlei Erfahrungen

Hänschen klein
ging allein
in die weite Welt hinein –
warum nicht hin*aus*?
Nein, nein, hinein,
als wäre die Welt
ein geräumiges
gastliches Haus.

Dafür ging klein Klaus
in die weite Welt hinaus,
erlebte die Welt
als offenes Feld.
Der Wind pfiff ihm um die Ohren,
und er fühlte sich
ziemlich verloren.

Variationen zu einem Abzählreim

Ich und du,
Müllers Kuh …

Ich und du und er,
Müllers Kuh, dick und schwer …

Ich, du, er, wir …
und Schwester auch von Müllers Stier …

Ich, du, er, wir, ihr
und Müllers Kälbchens Muttertier …

Ich, du, er, wir, ihr, sie –
und Müllers Stolz, die Kuh Marie …

Wie dem auch sei
mit Müllers Kuh –
Müllers Langohr,
Müllers Bockbein,
Müllers Esel,
der bleibst du!

Wasserweg

Wasser war Klarheit
Wasser war Frische
Wasser war Geduld
Wasser war Unschuld
Wasser war Schönheit
Wasser war Leben
Wasser war Kraft
Wasser war Gewalt

noch bevor es Menschen gab.

Und als es Menschen gab,
sahen sie:

Wasser war Klarheit
Wasser war Frische
Wasser war Geduld
Wasser war Unschuld
Wasser war Schönheit
Wasser war Leben
Wasser war Kraft
Wasser war Gewalt

aber auch:

Wasser war Übermut
Wasser war Heiterkeit
Wasser war Genuß
Wasser war Furcht
Wasser war Nutzen.

Und als die Menschen
in Furcht und Übermut

85

nur noch den Nutzen des Wassers sahen,
taten sie ihm Gewalt an:

Seiner Klarheit
seiner Frische
seiner Schönheit
seiner Geduld,
seiner Unschuld
seiner Kraft

und

der eigenen Heiterkeit
dem eigenen Genuß
dem eigenen Leben.

Unterwegs

Mittelalterliche Stadt

In einer kleinen Stadt
ein hoher Turm.
Ein zweiter sehr hoher,
ein dritter noch höherer,
ein vierter: der höchste.
Vier Turmerbauer:
Der zweite übertrumpfte
den ersten,
der dritte den zweiten,
der vierte den dritten.
Alle vier Türme
haben die Stadt berühmt gemacht,
denn ohne die kleineren
gäbe es keinen höchsten.

Aussichtspunkt

War endlich
auf der spitzesten Spitze des Berges.
Da kam mir von unten ein Freund entgegen.
So sehr ich ihn sonst auch mag –
jetzt kam er mir ungelegen.

Klangreise

Merano
Mareno
Marano
Merone
Morino
Morini

Varano
Varoni
Veruno
Varena
Varone
Verona

Bellena
Bellona
Belluno
Bellino
Ballone
Bollone

*(Tatsächlich existierende
italienische Ortschaften)*

Sprachkurs, gratis

Eine Mutter lehrte ihr Kind Italienisch
nicht mit Büchern und nicht mit Bildern,
allein mit Nummernschildern,
welche die beiden fanden
an Autos, die auf dem Parkplatz
eines berühmten Meerbades standen.

(Herkunft der Autos)

SI	JA	SI ena
NO	NEIN	NO varra
VA	GEHT	VA rese
MI	MIR/MICH	MI lano
VINO	WEIN	VI cenza/NO varra
SOLE	SONNE	SO ndrio/LE cce
PESO	GEWICHT	PE scara/SO ndrio
ORTO	GEMÜSEGARTEN	OR istano/TO rino
PATATA	KARTOFFEL	PA lermo/TA ranto/TA ranto
BALENA	WALFISCH	BA ri/LEcce/NA poli
MOTORE	MOTOR	MO dena/TO rino/RE ggio
SALUMI	WURSTWAREN	SA lerno/LU cca/MI lano

Entdeckungsreise

Jemand reiste weit und lang,
wollte eine Gegend suchen,
wo es keine Touristen gibt,
und glaubte schon,
sie gefunden zu haben,
als ihm einfiel: Ich bin ja einer!
Aus der Traum.

Lebensreise

Wohin?

Dahin,
dorthin.

Weiterhin
dorthin und dahin.

Fernerhin
dahin und dorthin.

Forthin aber einmal
nur noch dahin.

Wohin?

Dorthin, du weißt schon.

Tröstliche Feststellung

Was gibt's denn noch zu entdecken?
Alles ist erforscht:
Die abgelegenste Insel,
der höchste Gipfel,
die tiefste Schlucht,
die finsterste Höhle,
die dichtesten Dschungels.

Meine kleinen Enkel sehen
das ganz anders:
In ihren Augen ist
ein Dachboden abgelegenste Insel,
ein oberstes Schrankregal
der höchste Gipfel,
ein Treppenhaus die tiefste Schlucht,
ein Kellerabteil
die finsterste Höhle,
Stuhl- und Tischbeine
der dichteste Dschungel.

Ortswechsel

Ein Kind geht.
Es geht und geht,
geht und geht und geht –
zu Bett.

Grenzenlos

Hatte kürzlich daheim
Heimweh nach der Ferne.
Und als ich in der Ferne war,
Fernweh nach daheim.
So vermischen sich Worte,
verwischen sich Grenzen.

Südliche Sommernacht

Stille.
Dank ihr hörte ich den Gesang der Grillen.
Dank ihm hörte ich erst die Stille.

Briefwechsel eines Verreisten mit den Zurückgebliebenen

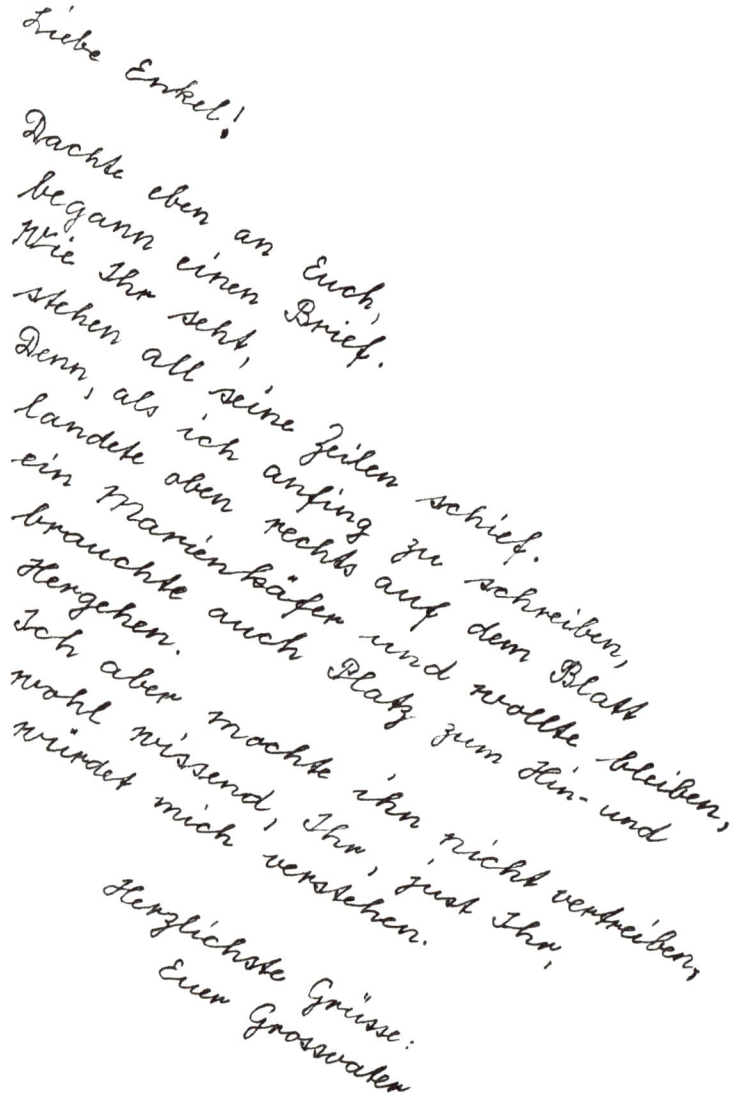

Liebe Enkel!

Dachte eben an Euch,
begann einen Brief.
Wie Ihr seht,
stehen all seine Zeilen schief.
Denn, als ich anfing zu schreiben,
landete oben rechts auf dem Blatt
ein Marienkäfer und wollte bleiben,
brauchte auch Platz zum Hin- und
Hergehen.
Ich aber mochte ihn nicht vertreiben,
wohl wissend, Ihr, just Ihr,
würdet mich verstehen.

Herzlichste Grüsse:
Euer Grossvater

LIEBER GROSSVATER!

HER   ZLICHEN   DANK
FÜR DEN BRIEF!
WIR H   ABEN GELACHT!
UND DANN HABEN WIR UNS
AUSGEDAC   HT,
WIE DAS GEWESEN WÄRE
M   IT EINER FRECHEN FLIEGE
DIE HÄTTE ES ANDERS GEMACHT
WÄRE AUFGEFL   OGEN
HÄTTE SICH WIEDER GESETZT
AUFGEFLOGEN G   ESETZT
GEF   LOGEN GESETZ   T
BALD DA BALD DORT
UND S   O   FORT
WEIL FLIEGEN NIE STILLE STEHEN
UND   ZUL   ETZT
HÄTTE DER BRIEF DANN
SO   AUSGE   SEHEN.

HERZLICHE GRÜSSE
MARCO UND ALEXANDER
UND DANIEL

Auch Europa geht durch den Magen

Was ist zu erwarten,
wenn eine Baslerin
sich ein Szegediner Gulasch
einverleibt?

Was passiert,
wenn einer Szegedinerin,
die Kasseler Rippenspeer ißt,
nichts auf dem Teller verbleibt?

Und was geschieht,
wenn eine Kasselerin
zwei Teller Basler Mehlsuppe
ausgelöffelt hat?

Immer das gleiche: Sie sind satt.

Leichter Verzicht

Ein Hamburger
verzichtet neuerdings darauf,
in Hamburg Hamburger
zu verspeisen,
weil sie ihm auf seinen
häufigen Reisen
schon in Lissabon, Stockholm, Singen,
Istanbul, Warschau, Hilterfingen,
auch von Tessinern und Korfioten,
Galiziern, Lappländern, Kurden,
selbst Weißrussen und Sizilianern
aufgetischt wurden.

Sprachlos

Wiener sprechen nicht wienerisch,
wenn sie Wiener Würste verzehren.

Wo man Münchner Weißwürste verschlingt,
wird man auch kein Bayrisch hören.

Man babbelt nicht hessisch,
wo man Frankfurter Würste vertilgt,

was auch für Lyoner Würste
und die französische Sprache gilt.

Und dies alles aus einfachem Grund:
Man spricht nicht mit vollem Mund.

Diäten

Frau Rüdisüli,
die abnehmen wollte,
träumte beim Rübenraffeln
von Wiener Waffeln.

Herr Schmidt aß gesundheitshalber
Weizenkeime mit Sojasprossen
und dachte neidvoll an die,
welche noch Linzertorten genossen.

Frau Strobl hingegen,
die salzlosen Fenchel kochte,
den sie nicht mochte,
machte sich gleich auf die Sockerln
nach Salzburg,
zu den dortigen Nockerln.

Abwechslung

Der kleine Fritz
(unterwegs mit den Eltern)
aß Ketchup mit pommes-frites
in der Lausitz.

Derselbe Fritz
aß auch Ketchup mit pommes-frites
in Austerlitz.

Und Fritz
aß Ketchup mit pommes-frites
sogar in Biarritz.

Aber was aß Fritz
auf Gran Canaria im Hotel Ritz?
Er sagte: Papperlappapp,
für einmal esse ich
pommes-frites mit Ketchup.

100

Einladung

Ein Mann
kochte seinen Gästen:

Brüsseler Salat
(fröhliches Gabelgeklimper
mit anerkennenden Blicken)

Straßburger Suppentopf
(glänzende Augen,
echtes Entzücken)

Mailänder Risotto
(Lobesworte,
Bewunderungen)

Königsberger Klopse
(Komplimente,
genießerisch kostende Zungen)

Tilsiter- und Greyerzer Käse
(Scherze, Lachen,
Heiterkeit)

Lübecker Marzipan, Smyrna Feigen
(angeregte Gespräche,
Zufriedenheit)

Und beim Abschiednehmen
sich überschlagende Dankeshymnen,
Küsse hier, Küßchen da,
zärtliche Umarmungen.

Deshalb kochte er ja.

101

Rädermusik

Fort von hier!

Nehme nicht das Flugzeug,
denn so weit geht's nicht fort.

Nehme nicht das Auto,
denn ich will unterwegs lesen.

Nehme nicht das Schiff,
denn ich fahr über Land.

Nehme nicht den Zug,
denn der Zug nimmt *mich*,

er nimmt mich auf,
er nimmt mich mit,
nimmt mich mit,
nimmtmichmit,
nimmtmichmit,
nimimit
nimimit
nimimititit
nimimit
nimimit
nimimititit
nimimit

Nachbarschaft

Ellbogen und Fäuste

Herr Paulke gehört zu jenen,
die ihre Ellbogen brauchen:
Wenn er das Geschirr
vom Tisch abräumt,
öffnet er mit ihnen die Türe.
So vertraut er auch
auf die Kraft seiner Fäuste:
Indem er Schwämme ausdrückt,
Zitronen auspreßt.

Lauras kleiner Garten

Neben der Eingangstreppe
zu einem Rondell
zusammengescharrte Erde,
eingefaßt von Kieselsteinen.
Im Beet Geranienblüten,
      Fuchsienblüten,
      Margaritenblüten,
      eine Dahlienblüte,
was die Töpfe der Nachbarn
eben ungefragt hergaben.

Verschwunden, aber nicht verschollen

Wo ist der Bäcker
von anno dazumal?
Arbeitet in der Großbäckerei.

Wo ist der Schuster
von einst?
Arbeitet im Schuhservice
des Warenhauses.

Wo ist der Milchhändler,
ehemals um die Ecke?
Verkauft Käse im Supermarkt.

Wo ist der Metzger
jenseits der Straße?
Arbeitet in einer Wurstfabrik.

Vorsicht

Herr Paulke
wünscht niemandem: »Guten Morgen!«
wünscht niemandem: »Guten Abend!«
Was könnte alles passieren
dazwischen!
Er wünscht: »Guten Tag!«

Schwierige Verhältnisse

In unserer Siedlung
gibt es die, die Katzen mögen,
aber keine Hunde,

die, die Hunde mögen,
aber keine Katzen,

die, die Hunde
und Katzen mögen,

die, die weder Hunde
noch Katzen mögen,

die, die die nicht mögen,
die Katzen mögen,
aber keine Hunde,

die, die die nicht mögen,
die Hunde und Katzen mögen,

die, die die nicht mögen,
die weder Hunde
noch Katzen mögen

und die, die die nicht mögen,
die andere nicht mögen,
nur weil die dies oder das
nicht mögen.

Treppendrama

Die kleine Anna
sprang von der ersten Stufe,
lachte.

Sie sprang von der zweiten Stufe
und lachte.

Sie sprang von der dritten Stufe
und lachte. Heulte plötzlich
wütend los:

Die Treppe war zu kurz.

Die letzten Mäntel

Die zwei Alten
im Haus gegenüber berichten:

»Wir haben nochmals Mäntel gekauft,
die letzten.«
Und nach einer listigen Pause:
»Die solidesten,
die wir finden konnten.«

Leihgaben

Man hilft sich aus.
Den Nachbarn zur Linken,
den Nachbarn zur Rechten
leiht Herr Paulke oft aus,
was ihnen grad fehlt:
Salz, ein Ei,
Reis oder Mehl.
Und wenn die Nachbarn zur Rechten,
die Nachbarn zur Linken
Sorgen haben
oder nur Langeweile,
leiht er ihnen
sein Ohr,
seine Zeit,
sein Mitgefühl.

Kein Zufall

Ein Nachbar meiner Nachbarn
sitzt an meinem Tisch,
ißt aus meinem Teller,
putzt sogar meine Zähne,
täglich.

Eine wahre Alltagsgeschichte

Mein Tür-an-Tür-Nachbar,
ein Chinese aus Hongkong,
kehrt, wenn er mit dem Besen kehrt,
zuerst vor meiner Tür,
erst dann vor der seinen.
Er kennt unsere Redensart
vom Kehren vor Türen nicht.
Mir ist sie geläufig,
habe mich aber inzwischen
auch von ihr abgekehrt
und kehre, wenn ich mit dem Besen kehre,
zuerst vor der Tür meines Nachbarn,
des Chinesen aus Hongkong,
und dann erst vor meiner.
So sind bei seiner Rückkehr von der Arbeit
oder bei meiner Heimkehr
die Treppen immer blank –
und die alten Regeln hinweggekehrt.

Inhalt

110

Hans Manz
Die Welt der Wörter
Sprachbuch für Kinder und Neugierige
Broschur, 384 Seiten (80075) *ab 6*
Von der Stiftung Buchkunst ausgezeichnet als
eines der »Schönsten Bücher«

Hans Manz spielt mit der Sprache in allen Ton-
arten; er prüft die Silben, die Aussagen, das Leise und das
Laute. Er fragt nachhaltig. Wer mitspielt, miträtselt, mitnach-
denkt – der entdeckt Sinn, Doppelsinn und Hintersinn der
Alltagssprache. Hans Manz hat wie kaum ein anderer
Wörter »gedreht« und versucht zwischen den Zeilen
zu lesen. So ist ein Sprachwerk voll Lust und Gegenwart
entstanden.

»In seinen besten Momenten verbindet Hans Manz
Morgenstern und Jandl, Fried und Brecht, und in seinen
›Scherzartikeln‹ oder in ›Blühender Unsinn, tierischer Ernst‹
stakt auch Karl Valentin über die Sprachbeete.«
Konrad Heidtkamp, DIE ZEIT

»Es sind lausige Zeiten, aber es gibt diese scherzhaften und
ernsten, balladesken und stimmungsvollen, sinnreichen und
nonsenshaften Kindergedichte.«
Klaus Doderer, Deutsches Allgemeines Sonntagsblatt

Beltz & Gelberg
Beltz Verlag, Postfach 10 01 54, 69441 Weinheim